eye.

守望者

——

到灯塔去

Fabulous

迷怪

*

［加］
阿尔维托·曼古埃尔 著

徐楠 译

Alberto Manguel

南京大学出版社

赫拉克利特有关时间的忠言适用于每一位读者：我们不能两次进入同一本书。

前　言

*

无论我们所谓的意识是诞生于想象,还是所谓的想象是诞生于意识,人类历史之初的我们都是为了解释自己的存在才开始讲述故事。我们幻想出圣者、魔咒,幻想出一条龙、一只乌龟,一系列物质和反物质的碰撞组成了我们的"曾几何时"。按照生物学的看法,我们的祖先是血肉之躯,但其实我们都知道,自己是纸墨魂灵的后代。读者们一直很清楚,我们所谓的真实世界诞生于虚构的梦幻。

在我们的认知范围内，美人鱼与独角兽的存在从未被证实，尽管某些中世纪的中国动物神话声称是因为独角兽天生过于害羞，所以我们才很少见到它们。然而胡塞尔认为，人类思维能够有意识地指向此类想象物，并在彼此之间创建一种"典型的二元关系"（这个描述真是缺乏诗意）。

某种程度上，小说创作便是作者以概念中的原始尘土塑造成文字化的亚当，并为之注入生命力。也许这就是为什么那些绝佳的虚构角色能够在纸面上立体化，时常胜于我们身边实实在在的朋友。他们不会拘泥于自身的故事，而是一遍遍更新我们的阅读体验，让某一些场景发光，让另一些片段黯淡，或是展现我们之前莫名遗忘的惊人情节、尚未注意的微小细节。虚构人物拥有属于自己的历史背景，不会沦为书封间的困囚，无论那里的空间是狭窄还是广阔。读者会经历生老病死，但虚构人物不同，他们始终是我们第一次阅读故事时的样子,也会随着我们一遍又一遍的阅读变化。每一个虚构角色都像是海神普罗透斯,被波塞冬赋予变幻成宇宙万物的能力。

不仅如此,这些传说中的怪物还无条件地忠实于我们,不会介意我们的弱点或失误。他们跳出书本,教会我们爱、失去与世界本身的复杂之处。于读者而言,生活就是一张张翻动的书页。把读过的书绘制成想象的地图,几乎每一段私人体验都能在其中找到定义,每一件重要的事情都能回溯至具体的字里行间。时间和地点上都远之又远的书页涵盖了我们今日的所感所知。

打开书,踏入奇想幻象的国度,体验多样人生,在书中与文学老友重逢,重新认识那些熟悉又陌生的迷人角色,建立专属于自己的文学联结。

浮士德　　　　　　　　　　　　　　　　Dr. Faustus

尽管我们受尽苦难,最终取得胜利的似乎仍是善意。

在过去的几百年里,灵魂的交易被视为惊天动地的行径。如今,灵魂的声望大大降低,我们每天都在为了管道合同或者参议员席位这样的小玩意出卖灵魂,梅菲斯托费勒斯的任务也变得更加艰巨。

由于现在的浮士德们追求的不是知识或爱情,而是经济收益、真人秀的邀请函以及聚光灯下的名声,梅菲斯托费勒斯不得不付出较之以往十倍的努力积攒灵魂,才能达到得以盈利的数量。

唐璜　　　　　　　　　　　　　　　　Don Juan

比起有情人，唐璜更像是引诱者，比起引诱者，他更像是收藏家，比起收藏家，他又更像是狙击手。

将愉悦感体系化，让征服成为常规，把爱人的名字写作待办清单上的已选事项，是一种避免多情的有效方法。

他痴迷于计数而非情欲：他的主宰之神是墨丘利，而不是丘比特。别人收揽股份，他收揽女人。他的同时代人在寻找独角兽的犄角和牛黄石，而他的储藏柜里，是一位位女性的名字。

| 吉姆，马克·吐温《哈克贝利·费恩历险记》 | Jim |

他不由自我所认知的身份定义，而是被迫处于一种迷惘状态，在外部世界的压迫下"飞快"逃窜。

自亚里士多德的时代甚至更早以来，每个将奴隶制合法化的社会都是根据以下两个假设为之辩护的：一是（他们自己眼中的）优等阶级应当享有绝对凌驾于劣等阶级之上的权力，二是奴隶制通常能够获得受奴役之人的认同。"这是为了你好"以及"我受的苦比你多"也是信奉"不打不成器"的父母的畸形信条。

鲁滨逊，丹尼尔·笛福《鲁滨逊漂流记》　　Robinson Crusoe

鲁滨逊就像是原始人，是开启所有人类艺术及技能的亚当。他的岛屿成了所有人类活动的示范模型，其独特的发展历程也体现了可行社会的内在契机。

如果没有星期五，没有这位野蛮的原始人，便没有观众能够见证鲁滨逊的事迹。作者的文字须由读者赋予生命，正如我们所知，文学是一种双向的艺术。

暴君班德拉斯,瓦勒-英克朗《暴君班德拉斯》 Tirano Banderas

> 暴政不是偶尔的窃取或简单的暴力,而是大肆掠夺一切,无论神圣还是世俗,私属还是公有。——苏格拉底

虽然桑托斯·班德拉斯身边的角色都很复杂多面,但围绕着他的无名人群才是最有力的形象。士兵、土著人、妓女、仆役、罪犯、农民、外交官、政客组成了永远存在于暴君周围的有机怪物。生活于二十一世纪的我们可以证明:所有通过推特或怒骂获得权力的暴君身后都有一群谄媚的献祭者盲目支持着他。

卡西莫多，维克多·雨果《巴黎圣母院》　　　Quasimodo

无论我们想象中的当今社会有多么文明开化，私下甚至公开场合的我们都会将丑陋视为一种罪行。

今天的卡西莫多是我们在扭曲镜面中的投影，是我们不想成为的人，不想向世界呈现的自我。我们修饰自己，布置、装扮、梳理自己，我们依靠化妆和伪装遮掩他人可能嫌恶的特征。

卡苏朋,乔治·艾略特《米德尔马契》　　　　Casaubon

乔、希帕蒂娅、于连以及卡苏朋先生都明白,这个熙熙攘攘的世界对知识没有任何尊重。

卡苏朋神父知道求知的本质正是在于过程之难。

尼摩船长,儒勒·凡尔纳《海底两万里》　　Captain Nemo

对尼摩(以及我们)来说,静谧与隐蔽是图书室的必要属性,而其内理想的读者会分裂成无尽的词句,永远只是无名之人。

一本书,甚或是一整座图书馆,只能点亮读者已经选择好的道路。它无法强制读者去往某个目的地,甚至无法强加某种方向。

爱弥儿，让-雅克·卢梭《爱弥儿》　　　　　　　Emile

无论过去还是现在，成年人总是希望青少年拥有自己缺失的美德，筛除自身的缺陷。我们将他们训练为机械系统中的高效车轮，教育他们如何卑躬屈膝。我们只看到自己的想法，却无视他们的需求。我们培养他们的贪婪、野心、狡猾，却不给予他们智慧。

被困在意图生产出消费者而非公民的机器中，在不变的腐败统治者的阴影下夹缝求生，对未来的爱弥儿来说，唯一的表现机会不是在新闻中一闪而过，而是作为改变的主人公脱颖而出，成为有能力获得幸福的人，这意味着"为自己站出来"，因为"毫无疑问，始终如一地做自己才是真正的幸福"。

包法利先生,居斯塔夫·福楼拜《包法利夫人》　　M. Bovary

在两人之中,他地位较低,平庸更甚,缺少冲劲,乃至退居一种无名的状态,连福楼拜也不站他这一边。

让我们明确一点:没有包法利先生,便也没有包法利夫人的悲惨命运。

虽然将我们或悲或喜的生活怪罪于命运无疑是陈腐的,但这并不意味着这不是真理:永恒的、文学的以及——为什么不这样说呢?——无畏的真理。

乔特鲁德,莎士比亚《哈姆雷特》　　　　　Gertrude

做母亲从来都是件难事,但自己的独生子总是自怨自艾,乔特鲁德有时也想在某个温暖明媚的地方享受一段长长的假期。她会想:为什么她总是被这些忧郁烦躁的男人所困扰?

没有人敢于问出这个问题:乔特鲁德真的想成为一位母亲吗?也许她更像是麦克白夫人,只想把自己的乳头从婴儿没牙的嘴里拔出来,再揍得他脑袋开花;或者像是美狄亚,为了报复丈夫,可以毫不犹豫地刺死自己的两个孩子;又或是莎拉·珍妮特·邓肯的《印度母亲》的女主角,认为女性具有生育义务是由男性倡导的观念。

菲比,J. D. 塞林格《麦田里的守望者》　　　　Phoebe

我不知道为什么,只不过她看上去太他妈漂亮了,她就在那儿穿着她的蓝大衣,一圈一圈地转。——《麦田里的守望者》

小说中的菲比始终是个耀眼的角色,她围绕着迷茫的哥哥们打转,却从未走上自己的轨道,抵达自己的结局。

魁魁格,赫尔曼·梅尔维尔《白鲸》 Queequeg

唯一真实存在的外星空间是我们所寄居的身体。

魁魁格本人是"等待揭开的谜题,装订成卷的奇书,但连他自己也无法解读那些奥秘,尽管他的心脏就在下方跳动"。

可怖的大海围绕着碧绿的土地,就像是人心中央的孤岛塔希提,内部祥和欢乐,周遭却是未知生活带来的无尽恐惧。别远离那座岛屿,不然你永远无法回头!——《白鲸》

希德·哈梅特,塞万提斯《堂吉诃德》　　Cide Hamete

为何一位西班牙作家会宣称自己的作品出自摩尔人之手?并且不单纯是摩尔人而已,他还代表着被驱逐出自己国家的人民,代表着"彼岸"的民族。

他所创造的堂吉诃德反对社会的伪善,拒绝隐藏自己的信仰,不愿只活在表象之中,他心中的真理是绝对的自由,自由选择自己的道德准则,并在不肯承认它的人面前大肆宣扬。

如果坚持正义的结果只是在似乎已成定局的不公现实面前建立一种理想,那么书写有关正义的故事本身也需要勇气,是通过想象中的善行改变神谕世界的勇敢尝试。

被排斥的文化不会轻易沉默,历史上的缺位与在场同样显眼,文学本身往往比文学家更具远见。

骏鹰,阿里奥斯托《疯狂的奥兰多》   Hippogriff

狂野的诗性逻辑支配着冒险,如实地衬托出主人公的雷霆之心。而骏鹰便是其中的象征,从不可能中诞生的不可能,与梦中之梦一样合理。

大个子约翰·西尔弗，罗伯特·路易斯·史蒂文森《金银岛》

Long John Silver

作为这场恐怖事件的目击者，吉姆几乎无法相信，在一个人的生命被如此残忍地夺去后，太阳依旧静静地当空照耀着。

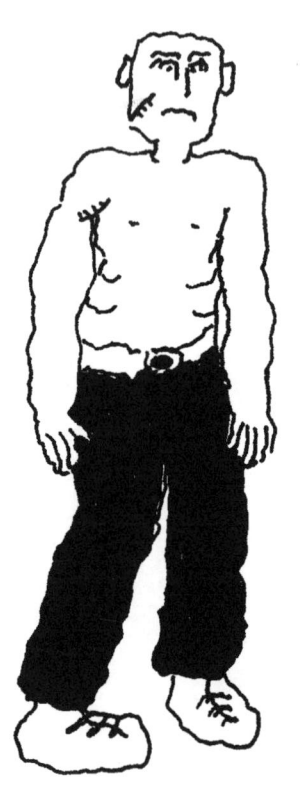

弗兰肯斯坦的怪物,玛丽·雪莱《弗兰肯斯坦》

Frankenstein's Monster

创造者,难道是我请求你用黏土塑我为人?难道是我祈求你拯救黑暗中的我?

单纯依靠雄性繁殖是炼金术士的愿望、父权制的梦想、疯狂科学家的目标。

从犹太教的魔像到科学制造或寓言构想出的可动雕塑——由亚当肋骨做成的夏娃、皮格马利翁的象牙少女、杰佩托的木偶匹诺曹、十八至十九世纪早期令玛丽·雪莱及其同好着迷不已的机械人偶,男性始终在幻想自己能够在没有女性帮助的情况下创造生命,也就是剥夺女性专有的受孕能力。

如果嘉宝的面容代表着圣洁的空虚,那么怪物的面容便是魔鬼的满盈,从我们意图遮掩却依然暴露的接缝中溢出。

威克菲尔德,纳撒尼尔·霍桑《威克菲尔德》　　Wakefield

在这个奇异世界的混乱表象中,每个个体都恰如其分地处于某个体系内,各个体系也协调一致,形成一个整体。而某个人一旦踏出一步,哪怕只有片刻,也会有永远失去自己位置的可怕风险。就像威克菲尔德一样,他很可能,也的确是这个宇宙里的流亡者。

一旦我们出其不意地转换方向,一旦我们选择始料不及的路径,偏离既定的目标,我们身上和周遭会发生什么样的改变?多拧一圈螺丝会如何改变这个世界运行的方式?

被分裂的原始自我追寻迷失的另一半这种柏拉图式神话实际上是一种普遍经验:我们渴望自己无法体验的经历。

没有体验过的生活和没有走过的路之所以十分诱人,是因为在我们的想象中,如果这样生活或者那样选择,事情会变得有所不同,我们会更幸福、更明智、更受爱戴与尊重。也许并非如此。

也许我们可以借由儿童读物里的可爱人物定义各个国家。比如英国是爱丽丝，一个始终面临荒谬社会规则及刻板偏见的国家；意大利是叛逆贪玩的匹诺曹，总是想要成为"真正的男孩"；瑞士是心地善良的海蒂；加拿大是绿山墙的安妮，智商情商皆高的生存专家。而美国或许会在多萝西身上看到自己的影子，这位主人公最终一定会发现翡翠城的奇妙色彩应当归功于强制公民佩戴的绿色眼镜，而掌权的巫师其实是一个骗子，他所谓的成果只不过是给予暂时陷入情绪化的人们自以为想要的东西。

爱丽丝，刘易斯·卡罗尔《爱丽丝梦游仙境》　　Alice

乌托邦、阿卡迪亚、伊甸园……爱丽丝去过的地方是我们梦想人生中不断重现的风景……

爱丽丝的探险既是确凿的事实也是崇高的创造。它同时存在于两个层面：一方面让我们立足血肉筑成的现实，另一方面让我们重新思考甚至改变现实。

刘易斯·卡罗尔的创作一半是史诗一半是梦境，在僵硬的土地与奇幻的境界之间为我们打造了一处必要的空间，我们可以在这个有利的地点以几近透彻的眼光观察整个宇宙，原原本本地将之转化成一段故事。

不管我们走哪一条路，都会发现自己身处疯狂的人群中，而我们必须尽可能地用语言紧紧抓住我们视为理智的东西。爱丽丝自知逻辑是我们将意义赋予胡言乱语并揭示其秘密法则的方法。

多娜·埃米莉亚,蒙太罗·洛巴托"黄啄木鸟牧场"系列

Dona Emilia

真实只是把谎言完美地编织在一起,以至于无人质疑,仅此而已。

海蒂的爷爷,约翰娜·斯比丽《海蒂》　Heidi's Grandfather

世人在海蒂身上看到了瑞士人的缩影——生产抚慰人心的巧克力,为存款人提供离岸账户。

深居多山国家的山民,看似忙着自己的事情,却始终深藏爆炸性的情绪,不断向外人发出警告:"非法入侵者格杀勿论。"

童话有时可以为这个世界上的黑暗及恐惧提供隐秘的解释。我们将信将疑的天性会让童话故事显得虚假,仿佛一厢情愿的幻想,但比怀疑更深刻的东西让我们无法忘记昏睡一百年才能解除的诅咒,或者奶奶床上可能躺着长着獠牙的恶兽。

小红帽

Little Red Riding Hood

被引诱的引诱者,世俗又天真,她在林中漫步,自由自在,不惧虚伪的狼。

她有一点纯真妖妇的味道,既有礼貌又有勇气,流露出微妙的吸引力,以至于查尔斯·狄更斯这样的成年人都承认自己曾视其为初恋。

不是所有狼都是一样的,有的狼很狡猾,不会宣扬他们的意图,不易怒也不恶毒,谨慎自信又作风端正,跟随年轻女士的脚步来到她们的房前,甚至是床前。但是,当心!谁能想到这些说着甜言蜜语的狼才是所有狼中最危险的呢?

睡美人 Sleeping Beauty

沉睡中的美人是身处天堂还是地狱呢？她的故事与时间有关：浪费的时间，拖延的时间，等待、做梦、无知的时间。

她可以拒绝诅咒，拒绝祝福，拒绝沉睡的侍从，拒绝父母的失礼行为，拒绝一位又一位王子。她可以像易卜生笔下的娜拉和卡门·拉福雷特笔下的安德烈娅——两位现代版睡美人一样，狠狠关上魔法城堡的大门，睁大双眼直面这个世界。

聪明的艾尔莎　　　　　　　　　　　　　　　　Clever Elsie

如果我们像艾尔莎那样坚持这种所谓的聪明,会怎么样?如果我们放弃理智的思考,任由自己陷入洗脑式的恐慌,听信前言不搭后语的政治发言和阴谋论述,不再是能够进行反思的个体存在,忘记了真实的自我,又会怎么样?

莉莉丝　　　　　　　　　　　　　　　　　　Lilith

上帝在用亚当的肋骨造出夏娃之前,还创造过一位女性,在她的陪伴下,亚当得以度过伊甸园里的漫长时光。

她是允许嘴巴说话的耳朵,反射视野的眼睛,证明太阳存在的阴影,让第一名富有意义的第二名。莉莉丝很清楚,所有诞生都有终点,所有断言都会引来质疑,所有安定都需要一场混乱。

流浪的犹太人　　　　　The Wandering Jew

他不得不逃离集中营、劳改监狱、雇佣兵、跨国石油公司、森林采伐队、旱涝灾害、军事或宗教独裁的威胁。他必须跨过无垠的沙漠与巍峨的高山,背负着基督十字架冒险出海……他只能幻想,仁慈的人们会在彼岸迎接他,允许他过上体面的生活,不再因为他人的错误受苦受难。

约伯 　　　　　　　　　　　　　　　　　　　　　　　　Job

约伯低下头，逆来顺受地重复着区区凡人无法领会全能者用意的自我安慰，也决不控诉他的主人。

约伯还要忍受多久？他还要失去多少东西，才会意识到这样的不公是完全不可接受的？他到什么时候才会像古罗马律师一样问出那句"Cui bono"——"谁在获益"？人们在什么情况下才有权捍卫自身的利益，不被当权者的决定左右？约伯还要被剥夺多少权利，才能喊出那句"够了"？

约拿　　　　　　　　　　　　　　　　　　　Jonah

与大多数艺术家一样,约拿真正想做的是敲打听众懒散的内心,抚摸他们的筋骨,唤醒一些隐约可见却极度神秘的东西,搅扰人们的梦境,让他们在清醒时也不得安宁。

成年人永远都不会相信独角兽的存在,即使它只是一种象征,他们眼中坚如磐石的事实是自己能够分享这个国家藏在骆驼肚里的财富,与所有人共享幸福与安康。

回避不断试图改变我们既有原则的异类是一种贯穿所有人类社会根基的古老本能。

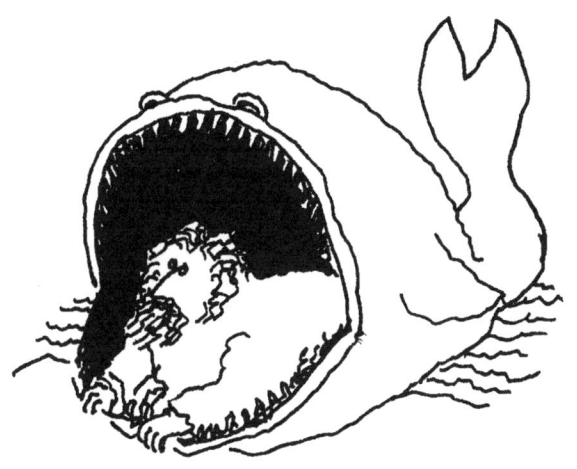

撒旦   Satan

上帝是光明,他便是黑暗,上帝是创造力,他便破坏一切;他是真理背后的另类真相。

撒旦是我们梦魇般行为和嗜血之梦的含混借口。

如果撒旦的手笔是上帝作品的阴暗面,那么这世界上无处不在的困难便可以被理解为某种神力的匮乏,是难以想象的全能者的疲惫时刻,充满了他的瑕疵创造。

德古拉　　　　　　　　　　　　　　　　　　Dracula

吸血鬼就像是奇异又隐蔽的世界里的探险家,抱着发现地下王国的好奇心,希望借此抵达我们内心的本质,大胆地摸索进入神秘的灌木丛,纠缠不清,黑暗禁忌。

青春期的梦境都笼罩在阴郁伯爵的阴影下,因为在童年到成年的转变阶段,青少年对长者的不耻行为既渴望又恐惧。这片阴影同样笼罩着老年人的梦境,因为在生命的终点,我们渴求无法重现的事物:紧致的皮肤、双唇的温热、热血的脉动。

客迈拉,古希腊神话　　　　　　　　　　　Chimera

贺拉斯会用黑色的天鹅指代不可思议的怪兽,却不知道(正如博尔赫斯指出的)彼时澳大利亚的天空正因成群的黑天鹅飞过而变得阴暗。我们口中所谓不可能存在的怪兽很可能正潜伏在宇宙的某个隐蔽角落,不管这种可能性有多么微乎其微。

对今天的我们来说,客迈拉意味着不可能的存在,一种从未达成的想象,比如没有痛苦的生活或者人人平等的社会。

那么谁又是当今世界的怪物呢?我们无法容忍的同类,需要警惕的"非人"异端。

温迪戈，北美印第安人的传说　　The Wendigo

温迪戈是我们隐秘的梦魇，是类似德语中的二重身或苏格兰夺命人的另一个自我。

是因为北国冰冻地域的苍白需要温迪戈这样的幽灵存在，还是因为我们无法承认如此恐怖的噩梦形象出自我们的创造，因此将之锚定在冬日风景的空白之上？

辛巴达,《一千零一夜》　　　　　　　　　　　Sinbad

我们所有人都需要挑战未知,以为死亡这一真正的未知领域做准备。

我们居住的世界时常因为我们的想象力而显得过于拥挤,所以我们不断创造新的地点,节省真实的空间,为我们的深夜噩梦和崇高志向提供绝佳的舞台。

山鲁亚尔偷听到的故事最终变成了我们的见证,我们的耳朵紧贴着门上的钥匙孔,长长的走廊上传来古老的回声。

性真,金万重《九云梦》　　　　　　　　Hsing-Chen

假想出来的人物告诉我们生活都是假象,这多么奇妙。

对十七世纪的朝鲜男女来说,九世纪的中国(性真的故事背景)便是那片巨大且存续的阴影,危险又诱人,仿佛一场变化多端、动荡不安的梦境,而他们总有一天会希望从中醒来。

沙僧,吴承恩《西游记》　　　　　　　　Sandy

沙僧的同僚以近军事策略的方法抵御妖魔仙怪,而沙僧本人的宗旨则是,合乎逻辑与道德的应对办法是最佳的生存守则。在沙僧眼中(与堂吉诃德相似),世上看似正确的事物可能实际是通往邪恶的道路,看似邪恶的事物也可能才是正确的途径。

卡拉高兹和哈奇瓦特,土耳其皮影戏　　Karagöz & Hacivat

土耳其人是否在两人永恒的困境中看到了自己的历史?一半试图使另一半开化,一边不断追求着新的文明,另一边坚守着比奥斯曼帝国更久远的先辈传统。

超人 Superman

尼采借查拉图斯特拉之口赞颂了超人(德语名词Übermensch的拙劣译法)的美德,认为他之所以强大,是因为他在尘世间而非来世中追寻人类的美德。

尽管他的超能力有明显的不合理之处,尽管年轻超英们的竞争力越来越强,尽管世界不断变化,反派不再以狡猾的伪装从事邪恶的事业,超人的魅力依然永存。

孰能辨梦非真也,真非梦也,佛曰,白毫光谢世界,天花下如乱雨。

——金万重《九云梦》

©Alberto Manguel
c/o Schavelzon Graham Agencia Literaria
www.schavelzongraham.com
Simplified Chinese translation copyright©2021 by NJUP
All rights reserved.

江苏省版权局著作权合同登记　图字：10-2021-137号

图书在版编目(CIP)数据

迷怪 / (加) 阿尔维托·曼古埃尔著；徐楠译. -南京：南京大学出版社, 2021.7
书名原文：Fabulous
ISBN 978-7-305-24305-9

Ⅰ.①迷… Ⅱ.①阿… ②徐… Ⅲ.①读书笔记-加拿大-现代 Ⅳ.①G792

中国版本图书馆CIP数据核字(2021)第051133号

出版发行	南京大学出版社
社　　址	南京市汉口路22号　邮编　210093
出 版 人	金鑫荣
书　　名	迷　怪
著　　者	[加] 阿尔维托·曼古埃尔
译　　者	徐　楠
责任编辑	付　裕
书籍设计	周伟伟
印　　刷	南京凯德印刷有限公司
开　　本	787×960　1/32　**印张** 8　**字数** 32千
版　　次	2021年7月第1版　2021年7月第1次印刷
	ISBN 978-7-305-24305-9
定　　价	50.00 元
网　　址	http://www.njupco.com
官方微博	http://weibo.com/ njupco
官方微信	njupress
销售咨询	025-83594756

* 版权所有，侵权必究
* 凡购买南大版图书，如有印装质量问题，请与所购图书销售部门联系调换